LA RÉGENCE A BLOIS,

OU

LES DERNIERS MOMENS

DU

GOUVERNEMENT IMPÉRIAL,

RECUEILLIS

PAR UN HABITANT DE PARIS,

RÉFUGIÉ A BLOIS.

SECONDE ÉDITION.

PARIS,

Chez { LE NORMANT, Libraire, rue de Seine, n.° 8.
{ FANTIN, Libraire, quai des Augustins, n.° 55.

IMPRIMERIE DE LE NORMANT.

1814.

LA RÉGENCE

A BLOIS,

OU LES DERNIERS MOMENS

DU

GOUVERNEMENT IMPÉRIAL.

Durant cette crise, à jamais mémorable, qui a
fini par une délivrance si miraculeuse, la ville de
Blois, quoique voisine du théâtre de la guerre
et fort exposée à en éprouver les plus funestes
effets, a joui d'un repos quelquefois incertain,
mais qui ne lui a jamais été ravi. Aussi l'a-t-elle
constamment partagé avec différens hôtes qu'elle a
successivement recueillis.

Après avoir possédé quelque temps des officiers
Suédois retenus prisonniers en France, contre le
droit des gens, Blois devint la résidence de ces
Anglais, qui étoient également, depuis dix ans,
les otages de la tyrannie. On les transféroit alors de
ville en ville, en suivant les mouvemens des armées
qui les poussoient des extrémités au centre de l'em-
pire. Ils ne firent pas un long séjour à Blois : il y avoit
à peine un mois qu'ils y étoient arrivés, qu'ils furent
obligés d'en partir, cédant la place à des prisonniers
de guerre Allemands et Russes, et à des blessés

Français. Ceux-ci furent éloignés à leur tour ; et , par une substitution plus étonnante que toutes les autres , ils furent remplacés par la cour d'une souveraine fugitive, et par les ministres de Napoléon, qui se sauvoient de sa capitale , dont les puissances alliées venoient de s'emparer.

Témoins de cette retraite, nous allons en retracer les principales circonstances.

Après le départ des Suédois et des Anglais, qui avoient successivement résidé à Blois, et en avoient fait un séjour très-vivant, cette ville devint comme un tombeau , qui se remplissoit chaque jour des victimes infortunées de la guerre. Son château , jadis la demeure des rois , fut rempli de prisonniers ; des bateaux de blessés , qui couvroient là Loire, vinrent encombrer ses hôpitaux , comme ceux de tant de villes bien plus éloignées du théâtre de la guerre : on ne rencontroit pas d'autres voyageurs. Les routes naguère couvertes de fugitifs qui se sauvoient de Paris , de troupes de l'armée d'Espagne qui s'y rendoient, de gardes nationales et de conscrits nouvellement levés , étoient alors désertes. La prise de Bordeaux vint encore augmenter cette solitude. Il y avoit trois semaines qu'elle se faisoit sentir , lorsque , vers la fin de mars , une seconde émigration des habitans de Paris , vint avertir ceux de Blois que la capitale étoit une seconde fois menacée.

Le *lundi*, 28 *mars*, on apprit que Napoléon, qui ne donnoit pas des nouvelles de l'armée depuis plusieurs jours, s'étoit éloigné de Paris, et qu'il en étoit à plus de cinquante lieues (1). Les voyageurs et les lettres particulières s'accordoient à dire qu'il songeoit à manœuvrer sur les derrières des alliés, sans craindre de voir ceux-ci s'avancer sur la capitale qu'il croyoit avoir mise à l'abri d'une invasion.

On disoit, qu'avant d'entreprendre cette manœuvre, Napoléon avoit demandé si Paris pourroit tenir cinq jours, et qu'il étoit parti sur la réponse affirmative qu'on lui avoit donnée.

Le *mardi*, 29 *mars*, le nombre des fugitifs, devenu plus considérable, nous donnoit la mesure de la consternation des Parisiens, qui paroissoit portée à son comble. On nous disoit que le moment du dénouement étoit arrivé ; mais personne n'osoit dire que c'étoit celui de la chute de Napoléon ; même ceux qui le pensoient ainsi, et qui le souhaitoient le plus.

Le *mercredi*, 30 *mars*, à cinq heures du soir, nous apprîmes que l'impératrice et le roi de Rome avoient quitté Paris, et pris la route de Tours, par Rambouillet et Chartres. Cette nouvelle fut apportée par Mad. la comtesse Chaptal, qui se sauvoit de Paris, et se réfugioit à Chanteloup.

(1) A Saint-Dizier.

Elle fut bientôt confirmée par la proclamation du roi Joseph aux Parisiens.

Le *jeudi matin*, 31, les diligences amenèrent des voyageurs en bien plus grand nombre, et plus consternés que ceux de la veille. Ils étoient partis le 30 au matin, au bruit d'une canonnade qui n'avoit cessé de se faire entendre, et de les accompagner sur toute la route jusqu'à Etampes. Ils disoient qu'une partie de la garde nationale étoit sortie des murs, et soutenoit la troupe de ligne dans une affaire des plus vives, et dont la prise de Paris seroit la suite inévitable.

Il se trouvoit cependant bien des incrédules qui refusoient d'ajouter foi au siège de Paris, et encore moins à sa prise prochaine. Mais il arriva bientôt pour les convaincre, un témoin oculaire, auteur et acteur dans ce grand évènement, chef de légion de la garde nationale de Paris : ce fut M. le comte Regnault, ministre d'Etat. S. Exc. passa à Blois à neuf heures du soir, demandant des chevaux pour aller plus loin ; mais il ne s'en trouva point , ce qui l'obligea de suspendre, pendant quelques heures, la rapidité d'une marche qui paroissoit fort précipitée (1).

(1) Nous avons appris depuis que M. Regnault avoit paru à la tête d'un détachement de sa légion sur la butte Montmartre ; mais qu'après avoir vu les premiers boulets, sa prudence, l'emportant sur son courage, l'avoit entraîné loin du champ de bataille, où il avoit été dégradé et remplacé provisoirement par M. Odiot.

La malle de Paris n'arriva point ; et celle qui, la veille, étoit partie de Blois, avoit rebroussé chemin. Tout annonçoit aux habitans de Blois une rupture entière de communications avec la capitale.

Cependant le lendemain *vendredi*, 1er *avril*, à onze heures du matin, deux heures après l'heure ordinaire de l'arrivée des diligences, et après qu'on avoit perdu l'espoir de cette arrivée, on en vit passer une qui étoit partie de Paris la veille à six heures du matin. Avec quel empressement les curieux ne se portèrent-ils pas vers cette diligence pour en obtenir, comme une grande faveur, des nouvelles qu'on n'espéroit plus de recevoir par aucune autre voie ? M. le maire lui-même envoya recueillir les renseignemens que les voyageurs voudroient bien lui donner. Ils s'accordèrent, sinon sur toutes les circonstances du combat qui avoit eu lieu le 3o aux portes de Paris, du moins, sur la capitulation qui en avoit été la suite. La garde nationale occupoit encore, au moment de leur départ, les postes des barrières, mais devoit les remettre peu d'heures après aux troupes des alliés.

Rien de plus rassurant que ces détails sur l'occupation de Paris. Il paroissoit certain que ses vainqueurs n'y entroient qu'en libérateurs, et que la terreur étoit changée en joie. Mais, où étoit Napoléon ? où étoit son armée ? quelles forces lui restoit-il ? quel seroit le sort de Paris s'il venoit à y rentrer ? où feroit-il sa retraite en cas de revers ? C'étoit là autant de points qui n'étoient résolus qu'avec de grandes variations , et qui laissoient flotter les esprits entre la crainte du retour de Napoléon , et l'espérance d'une chute dont il ne pût se relever. Les mieux instruits croyoient qu'il étoit en présence de l'armée du prince de Schwartzemberg , et qu'une grande bataille étoit inévitable.

Peu d'heures avant l'arrivée de la diligence , étoient passés les ministres de la police et de la justice. LL. EExc. avoient continué leur route pour Tours , où elles paroissoient fort pressées d'arriver. On croyoit que cette ville étoit choisie pour le lieu de la résidence de S. M. l'impératrice , qui s'y rendoit par la route de Chartres et de Vendôme ; mais il paroît que S. M. , après avoir été , pendant plusieurs jours , privée des nouvelles de Napoléon ; en reçut enfin à Vendôme , qui changèrent sa destination , et fixèrent à Blois le siége de la régence. On disoit aussi , pour expliquer ce changement , que Blois avoit obtenu la préférence sur Tours , à cause de la salubrité de l'air , et de la belle situation de l'hôtel de la Préfecture , double avantage nécessaire à la santé de l'impératrice , et qui l'emporta sur celui d'une plus grande sûreté qu'offroit Tours , sur la rive gauche de la Loire.

Quoi qu'il en soit, M. le préfet, qui déjà s'étoit rendu sur la limite de son département pour y complimenter l'impératrice, reçut un courrier qui l'obligea de revenir à Blois en toute hâte ; de déménager de l'hôtel de la Préfecture, et d'y faire tout disposer pour la réception de l'impératrice et du roi de Rome.

Les principaux habitans et fonctionnaires, surtout les plus voisins (1) de la Préfecture, reçurent l'invitation de préparer des logemens pour Madame mère, pour les rois Joseph, Louis, Jérôme, pour l'archichancelier, pour les ministres et chefs d'administration ; enfin pour 1800 hommes de troupes.

Le *samedi, 2 avril*, dès le matin, on vit arriver les premiers détachemens de cavalerie ; ils furent bientôt suivis de beaucoup de bagages, et notamment de quinze fourgons contenant le trésor. Les courriers se succédoient d'heure en heure. Sur les trois heures, M. le préfet partit pour aller au-devant de LL. MM., à une lieue de la ville. La garde urbaine et la garnison étoient

______

(1) Ce voisinage étoit recherché à cause de la situation de Blois. Cette ville s'élève en amphithéâtre sur la rive gauche de la Loire. L'hôtel de la Préfecture couronne l'une des extrémités de l'amphithéâtre, et l'on ne peut y arriver que par des rues très-escarpées, ou même par de vrais escaliers de plus de cent marches. LL. EExc., logées au bas de la ville, avoient ces escaliers à monter. Le prince archichancelier, logé à mi-côte, usoit d'une chaise à porteur.

*

sous les armes, formant deux haies, au milieu desquelles défiloient les troupes et un graud nombre de voitures. Enfin, sur les cinq heures, on vit paroître celles de S. M. l'impératrice et du roi de Rome. LL. MM. firent leur entrée au milieu d'une foule immense et d'un silence qui ne fut jamais interrompu.

Les ministres, qui avoient poussé leur route jusqu'à Tours, se hâtèrent de revenir. Plusieurs étoient encore à Orléans. D'autres s'étoient enfuis jusqu'en Bretagne, notamment M. Bigot-Préameneu, ministre des cultes, et M. le baron Pommereuil, directeur-général de la librairie, qui regardoient sans doute l'exercice de leurs fonctions comme peu compatible avec le tumulte des armes, et le secours de leurs conseils comme surabondant.

Le *dimanche* 3, jour des Rameaux, il y eut messe au palais ; elle fut dite par M. Gallois, curé de Saint-Louis ; car ni aumônier, ni chapelain, ni clercs de la chapelle impériale ne se trouvoient parmi les personnes de la suite de l'impératrice.

Après la messe, il y eut conseil des ministres. A cinq heures, S. M. reçut les autorités de la ville, sans discours de leur part, à cause des circonstances. S. M., suivie du roi de Rome, passa au milieu de ces autorités, et adressa quelques mots à chacune d'elles, en commençant par le clergé : innovation remarquable et honorable à la piété de cette princesse. La tristesse étoit peinte sur son visage.

Le bruit public avoit annoncé un bulletin sur la position des armées ; mais rien ne parut, et la ville de Blois resta dans une ignorance complète de ce qui se passoit à l'armée et à Paris, d'où il n'arrivoit plus ni lettres, ni journaux, ni voyageurs. On avoit dit à deux heures que la cour partiroit le lendemain pour Orléans ; mais plus tard, on dit qu'elle resteroit encore à Blois. Elle attendoit, pour prendre un parti, des ordres de Napoléon, avec qui les communications devenoient de plus en plus difficiles. Peut-être aussi, vouloit-elle prendre conseil des circonstances, qui devenoient chaque jour plus graves ; car ses espions de Paris n'avoient pu lui laisser ignorer ni la déclaration des alliés du 31 , portant qu'ils ne traiteroient plus avec Napoléon et sa famille ; ni la séance du sénat, du 1.er avril, dans laquelle on avoit établi un gouvernement provisoire ; ni enfin celle du 2, où la déchéance de Napoléon avoit été prononcée.

Mais si la cour connoissoit tous ces faits , elle les tenoit fort secrets, et rien n'en transpira dans la ville.

Le *lundi* 4 , s'écoula dans l'incertitude et dans l'ignorance de la veille. Pour toutes nouvelles de Paris , on vit passer un roulier qui en étoit parti avec un passeport signé *Sacken*, et qui dit que tout y étoit dans un fort grand ordre. Il n'en étoit pas de même à Blois. Les ministres après l'heure du déjeûner se rendoient, en bottes, chez S. M. l'impératrice, où ils délibéroient jusqu'à l'heure du dîner, sans laisser paroître aucun résultat.

Cependant, sur les trois heures de l'après-midi, on vit les rois Joseph et Jérôme, accompagnés du ministre de la guerre, partir de Blois, et prendre la route d'Orléans. On crut qu'ils se rendoient au quartier-général de Napoléon, afin de prendre ses ordres sur la conduite que devoit tenir la régence ; mais, étant arrivés à Orléans, le 5 au matin, il leur parut qu'il leur seroit impossible d'aller plus loin sans courir le danger d'être pris. Peut-être même apprirent-ils, en arrivant, la scène qui avoit eu lieu à la revue du 4, entre Napoléon et les maréchaux, qui lui avoient remis les journaux de Paris, et lui avoient dit, par l'organe du maréchal Ney : *Sire*, *il faut abdiquer*, *c'est le vœu de la France et de l'armée.*

Cette armée étoit encore nombreuse, et point découragée. La ville d'Orléans étoit encombrée de troupes, de bagages et d'artillerie. Une partie fut évacuée sur Blois, l'autre sur Châteauroux, et le pont d'Orléans fut miné : opération qui jeta l'effroi dans la ville ; car c'étoit lui annoncer qu'elle étoit destinée à protéger la retraite de Napoléon sur la rive gauche de la Loire ; à

arrêter , par conséquent , l'armée qui le pour-
suivroit, et, sans doute, à lui être sacrifiée.

Les hôpitaux civils et militaires de Blois furent
évacués avec une précipitation et une barbarie
qui indignèrent les médecins, et qui en effet firent
périr en route un tiers des malades et des blessés
qu'on transportoit. On évacua également le château , qui étoit rempli de prisonniers, et enfin le
collége, qui étoit nécessaire pour recevoir l'école
de Saint-Cyr.

Le *mardi* 5, retour du roi Joseph , du roi
Jérôme et du ministre Clarke. Ils ne paroissoient
pas déconcertés par les nouvelles qui devoient
leur être parvenues de Paris et de Fontainebleau ;
décidés , au contraire , à élever gouvernement
contre gouvernement, ils avoient été précédés des
bureaux de la guerre et de quatre cents commis
qui avoient reçu l'ordre de travailler nuit et jour
au recrutement de l'armée. Il restoit plusieurs
divisions militaires avec lesquelles les communications étoient libres ; c'étoient ces malheureux
pays où alloient se faire de nouvelles levées , en
attendant qu'ils fussent eux-mêmes le théâtre
d'une guerre civile.

MM. Regnault et Lacuée , chargés d'une mission , passèrent la Loire , prenant la route du
Berry. M. Regnault dit à son hôte qu'il étoit envoyé à Lyon vers l'empereur d'Autriche , et montra
une lettre de l'impératrice pour son auguste père.

Ce même jour les troupes des alliés entrèrent de vive force à Pithiviers, où cent chasseurs opposèrent une résistance beaucoup trop honorable à deux mille hommes. La ville fut livrée au pillage en expiation de la mort d'un parlementaire qui avoit été tué par un employé des droits réunis. La prise de cette ville, qui se trouve sur la route d'Orléans à Fontainebleau, expliqueroit le retour prompt des frères de Napoléon, s'il ne l'étoit pas suffisamment par les nouvelles qu'ils avoient dû recevoir.

Le *mercredi* 6, retour de MM. Regnault et Lacuée, dont la mission ne fut pas longue; inspection des abords de Blois par l'ingénieur du département; départ des voitures inutiles, notamment de celles du sacre qui furent envoyées à Chambord; départ d'un maréchal des logis pour Tours; arrivée de l'école polytechnique, de l'école de Saint-Cyr, de celle de Charenton et des pages. La ville de Blois étoit déjà pleine; il n'y avoit pas un habitant qui n'eût partagé sa maison, sa chambre, ou même cédé son lit tout entier à tant de nouveaux hôtes. Mais ils étoient polis, et l'on en craignoit de fâcheux; car il étoit question de former deux camps aux environs de Blois, et cette nouvelle tenoit les esprits partagés entre le spectacle du présent et la crainte de l'avenir; entre l'étonnement qu'excitoit le tableau vivant de l'instabilité des choses humaines , si bien marqué dans cette cour errante , et la crainte d'une armée qui pouvoit être appelée pour la défense de Blois , et payer l'hospitalité donné de tous les maux de la guerre. Cependant on fit courir le bruit d'une suspension d'armes , et celui d'une mission du duc de Cadore vers l'empereur d'Autriche. La dernière nouvelle du jour fut l'arrivée de deux malles de Paris. On sut qu'elles avoient été escortées par les troupes des alliés jusqu'à Mont-Désir (1) , mais qu'arrivés à Orléans , M. le préfet les avoit arrêtés et envoyées à Blois au ministre de la police.

Le *Jeudi-Saint* , 7 *avril* , la messe fut dite au palais par l'aumônier des pages , après laquelle il y eut conseil des ministres.

La nouvelle et l'entretien de la ville fut une proclamation qu'on vit affichée de grand matin ; elle étoit datée du 3 , signée *Marie-Louise* , et contresignée *Montalivet* , *faisant fonctions de secrétaire de la régence*.

Voici le texte de cette pièce qui fut envoyée dans une bonne moitié de la France.

« Français,

» Les événemens de la guerre ont mis la capi-
» tale au pouvoir de l'étranger.

» L'empereur accouru pour la défendre , est
» à la tête de ses armées si souvent victorieuses.

(1) Lieu de poste entre Étampes et Angerville.

Elles sont en présence de l'ennemi sous les
» murs de Paris.

» C'est de la résidence que j'ai choisie et des
» ministres de l'empereur qu'émaneront les seuls
» ordres que vous puissiez reconnoître.

» Toute ville au pouvoir de l'ennemi cesse
» d'être libre ; toute direction qui en émane est
» le langage de l'étranger, ou celui qu'il con-
» vient à ses vues hostiles de propager.

» Vous serez fidèles à vos sermens : vous
» écouterez la voix d'une princesse qui fut re-
» mise à votre foi, qui fait sa gloire d'être Fran-
» çaise , d'être associée aux destinées du souve-
» rain que vous avez librement choisi.

» Mon fils étoit moins sûr de vos cœurs au
» temps de nos prospérités.

» Ses droits et sa personne sont sous votre
» sauve-garde. »

Cette proclamation ne fit pas une grande im-
pression sur les esprits : elle servit au contraire
à donner plus de consistance aux nouvelles de
Paris. Cependant la présence du gouvernement
faisoit toujours craindre l'arrivée de l'armée. Des
fugitifs de Chartres annonçoient qu'un corps de
troupes des alliés s'avançoit sur cette ville , d'où
il ne manqueroit pas de marcher sur Blois , attiré
par l'espoir de s'emparer du trésor.

La cour étoit bien plus embarrasée que la
ville ; le gouvernement paroissoit dès lors prin-

cipalement occupé de la garde de l'impératrice,
du roi de Rome, du trésor : il voyoit que tout
cela étoit prêt à lui échapper, et qu'il devoit
sans délai prendre un parti décisif. Mais depuis
six jours il perdoit beaucoup de temps à mettre
en délibération sa retraite, tantôt à Tours, tantôt
à Rennes, tantôt dans le Berry. Il paroît que
S. M. l'impératrice ne goûtoit pas ces projets,
et qu'elle résista même aux rois Jérôme et Joseph qui, qui alléguant sa sûreté et le salut de l'Etat,
vonlurent la contraindre à les suivre au delà de
la Loire.

Voici comment on raconte cette scène : Jérôme
et Joseph s'étant rendus chez l'impératrice, lui
dirent qu'ils alloient partir, et qu'elle-même devoit les suivre pour mettre sa personne en sûreté.
L'impératrice répondit que son sort lui paroissoit
décidé, et qu'elle ne craignoit rien pour sa personne, soit qu'elle tombât dans les mains des
Russes ou des Allemands; qu'ainsi elle étoit
décidée à attendre les événemens. Ses deux
beaux-frères dirent alors que le salut de l'état
demandoit qu'elle s'éloignât, et qu'une voiture
l'attendoit à la porte. Dans le moment entra
M. de Bausset, préfet du palais : l'impératrice
s'adressant à lui, lui demanda comme un dernier service et comme une marque d'attachement
d'aller s'informer auprès des officiers de la garde
si c'étoit leur intention de se prêter à la violence

qu'elle éprouvoit, et de la conduire par force. Les chefs protestèrent qu'ils ne devoient recevoir d'ordres que de S. M., et qu'ils n'en écouteroient pas d'autres. Ils montèrent dans l'appartement de l'impératrice, lui renouvelèrent cette protestation en présence des deux rois, et dirent à ceux-ci qu'ils étoient les maîtres de partir.

Le bruit de cette scène transpira dans la ville, mais d'une manière vague et sans aucun détail.

On ignoroit quand finiroit cet état de choses, et comment il finiroit.

Le *Vendredi-Saint*, 8 *avril*, on se trouvoit encore sous le régime du gouvernement impérial, et de la proclamation affichée la veille. Les ministres, toujours bottés et prêts à partir, se rendirent au palais comme à l'ordinaire.

Cependant sur les deux heures après midi, la nouvelle se répand tout à coup que le comte de Schouvalow vient d'arriver à l'auberge de la Galère, et qu'il vient chercher l'impératrice. Il arrivoit seul et sans aucune force armée ; la proclamation de Blois étoit toujours affichée ; ni les autorités locales ni le gouvernement impérial ne mettoient rien à la place. Personne n'ouvroit la bouche, soit pour contester la mission du comte de Schouvalow, soit pour la reconnoître.

Peu d'instans après son arrivée, on vit des ministres sortir du palais, et on crut lire sur les visages de LL. EExc., où la consternation n'étoit plus déguisée, ce qu'ils ne se mettoient point en devoir de faire connoître d'une manière légale, nous voulons dire, le dernier soupir du gouvernement impérial.

Le comte de Schouvalow ne tarda pas à aller prendre les ordres de l'impératrice pour le départ du lendemain.

Revenu à son auberge, quel ne dût pas être son étonnement en la trouvant pleine des membres du gouvernement qui lui demandoient des passeports ! Ceux qui avoient pu se procurer des lettres de recommandation auprès de ce général, les lui présentoient; chacun voulait être expédié le premier.

Mais le général répondoit, avec beaucoup de sang-froid, qu'il falloit que chacun attendît son tour; que la recommandation de M. un tel étoit fort bonne, mais qu'elle seroit bien meilleure si elle pouvoit ajouter quelques heures de plus à la journée. Cependant le général délivra des passeports, jusqu'à minuit, aux princes, ministres, conseillers d'Etat et employés divers, dont il formoit une liste.

Voilà ce qui regarde la cour.

La ville possédoit enfin les journaux, si longtemps retenus par le ministre de la police, et distribués alors aux particuliers, et dans les lieux publics. Cependant la joie qu'ils portoient dans tous les cœurs n'osoit encore éclater : l'essor en étoit arrêté, soit par la présence des troupes, soit par la proclamation qui demeuroit toujours affichée, soit enfin par une sorte de bienséance et par les lois mêmes de l'hospitalité, qui ne permettoient pas d'ajouter l'insulte au malheur : et, grâce à ces dispositions, les illustres personnages, déchus des dignités qu'ils possédoient la veille, furent toujours traités comme s'ils les eussent encore possédées.

Nous avons remarqué un premier acte de la régence, qui avoit pour but le salut de l'Etat. Délivrés d'un si grand objet de sollicitude, les membres du gouvernement ne dédaignèrent pas de tourner leur attention vers un objet moins important : ils prirent des mesures relatives au paiement de l'arriéré de leurs traitemens. Le ministre du trésor, et le trésor lui-même étoient sur les lieux; rien ne s'opposoit au dernier parti qu'on pouvoit tirer de l'un et de l'autre. Cette mesure salutaire ne trouva point de contradicteurs ; chacun reçut ce qui lui revenoit, avec quelque gratification pour les frais de voyage. Les troupes reçurent trois mois, sans distinction, s'il leur étoit dû plus ou moins, et malgré leurs observations à cet égard, qu'on n'avoit pas le temps d'écouter.

Ainsi se termina la journée du Vendredi-Saint, 8 avril. Tout le monde prit des passeports d'une main, de l'argent de l'autre, et les plus zélés se hâtèrent d'envoyer leur adhésion aux actes du gouvernement provisoire (1).

Le *samedi* 9 , sur les dix heures , l'impératrice et le roi de Rome partirent de Blois avec l'escorte qui les y avoient accompagnés , et se rendirent à Orléans. Les autorités civiles et militaires vinrent au-devant de LL. MM. La garde urbaine , et une garnison nombreuse , formoient deux haies que LL. MM. traversèrent , et qui les escortèrent depuis la porte de la ville jusqu'à celle de l'Evêché. LL. MM. y arrivèrent à six heures ; la foule étoit immense , et la réception fut un peu moins silencieuse qu'à Blois.

Le lendemain , jour de Pâques , S. M. se fit dire la messe à l'Evêché , mais ne reçut point les autorités.

La ville d'Orléans étoit dans une position fort singulière.

Après avoir vu ses portes barricadées , son pont miné , ses murs armés de pièces d'artillerie , elle se voyoit encombrée des débris de la cour , du gouvernement et de l'armée. Elle étoit pleine de troupes de toute arme , qui arrivoient sans

(1) L'archichancelier donna l'exemple , et même les journaux ont rapporté deux adhésions de sa part : l'une en date du 7 (jour où la proclamation de l'impératrice fut affichée) , par laquelle S. A. déclare qu'elle adhère *en tant que de besoin à tous les actes faits par le sénat ;* la deuxième , en date du 9 , par laquelle S. A. *adhère pleinement à tous les actes faits par le sénat , etc.* (*Moniteur* des 11 et 12.)

M. Regnault se rendit à Clermont d'Auvergne , ayant la cocarde blanche , et blâma fort les autorités de cette villes , qui ne l'avoient pas encore mise.

chefs, et de chefs qui arrivoient sans troupes. Elles ne craignoit plus les horreurs d'un siége, mais elle n'étoit nullement rassurée sur les désordres auxquels peut se livrer une armée débandée. Les journaux, qu'on recevoit librement depuis trois jours, faisoient connoître les actes du nouveau gouvernement ; mais on n'en vivoit pas moins sous le régime de l'ancien, et la proclamation de Blois demeuroit toujours affichée, sans que les autorités missent rien à la place. Seulement on lisoit, à côté de cette proclamation, des placards qui exhortoient tout le monde à la paix, sans dire par qui cette paix étoit donnée et garantie, et sans parler ni au nom du gouvernement impérial qu'on n'osoit plus invoquer, ni au nom du gouvernement royal qu'on n'osoit pas encore proclamer.

Cet état de neutralité, ou d'interrègne, doublement fâcheux dans une ville animée d'un excellent esprit, et qui, après deux mois d'oppression et de terreur, ne demandoit qu'à faire éclater la joie de sa délivrance, parut surtout dans la solennité religieuse de Pâques. On n'y entendit pas le chant du *Salvum fac imperatorem*, qui se fût trouvé en contradiction trop notoire avec les événemens comme avec le vœu des fidèles ; mais le *Salvum fac Regem*, qui étoit dans tous les cœurs, ne fut pas encore chanté.

Le lundi de Pâques se passa de même. On

s'attendoit à voir partir l'impératrice. Les uns disoient qu'elle auroit une entrevue avec Napoléon à Fontainebleau ; d'autres que Napoléon seroit parti , et qu'une entrevue bien différente étoit ménagée à cette princesse.

Le *mardi* 12 , on vit arriver le prince Esterazy , envoyé à Marie-Louise par son auguste père , et l'archiduchesse partit pour Rambouillet, sans escorte , avec une suite de six voitures, pour les personnes de sa maison ou de celle de son fils.

Le *jeudi* 21 , l'archiduchesse Marie-Louise a quitté Rambouillet , retournant dans le sein de son auguste famille et de sa nation , qui verront toujours , dans cette princesse , une victime qui se dévoua au salut de l'une et de l'autre.

La France n'oubliera pas que , deux fois , cette princesse lui a évité les horreurs de la guerre civile ; la première en sortant de Paris où sa présence eût occasionné une résistance fatale ; la seconde en restant à Blois, et opposant la fermeté du courage aux violences de ses beaux-frères.

Madame mère étoit partie de Blois avec le cardinal Fesch son frère , qui y étoit arrivé la veille seulement , par des chemins longs et après bien des détours.

Lors des premières alarmes qu'on avoit eues à Lyon dès le 12 du mois de janvier, S. E. qui les avoit fort partagées , avoit quitté son siége , et s'étoit réfugié à Pradines dans une maison de religieuses qu'il avoit fondée. Bientôt S. E. se vit obligée de quitter ce lieu de retraite , après avoir manqué d'y être prise par un détachement de cavalerie des alliés que le hasard y avoit amené , et qui ne laissa à S. E. que le temps de monter à cheval et de se sauver. Elle se rendit dans l'Auvergne , de là à Montpellier , et enfin à Blois et à Orléans , où elle se reposa le jour de

Pâques. Elle partit le lendemain pour Rome, amenant sa sœur qui montroit plus d'humeur que de résignation.

Sa dame d'honneur, qui l'avoit suivie à Blois, la quittoit à Orléans. Il falloit trouver quelqu'un pour la remplacer, sous un titre plus modeste. Cela fut impossible dans la ville d'Orléans. Madame mère ne put contenir son indignation : « Cela n'est pas encore fini, dit-elle en partant, » nous autres Corses nous nous connoissons en » révolutions. »

Jérôme et Joseph se perdoient dans la foule. Louis étoit resté à Blois où on lui témoignoit de l'intérêt. Il trouvoit aussi dans la religion une source de consolations plus solides. Le jour des Rameaux et le Jeudi-Saint il avoit assisté aux offices à l'église de Saint-Louis, en habit de général.

Il partit bientôt pour la Suisse où il comptoit se fixer dans une terre qu'il possède aux environs de Lausanne, et y vivre avec une dotation de la Hollande.

Jérôme et Joseph passèrent huit jours à Orléans ou dans les environs. Ils en partirent le lundi 18 avril, prenant également le chemin de la Suisse.

Ainsi a fini cette famille de rois qui ne s'étoient placés sur les trônes, ni par leur mérite, ni même par leur ambition, et qui n'ont pas su conserver une puissance qu'ils n'avoient pas su refuser. Entraînés dans la chute de celui qui les avoit élevés, ils doivent se consoler de la paix du Monde : ils devroient même n'être pas étrangers à la joie d'un si grand bienfait, qui leur permet de choisir, dans l'Europe délivrée, un asile que des souverains légitimes étoient naguère obligés de chercher hors du continent.

F I N.

www.ingramcontent.com/pod-product-compliance
Lightning Source LLC
Chambersburg PA
CBHW061656050726
47598CB00004B/1595